El reino que nunca cambia

Editorial JUCUM
P.O. Box 1138, Tyler, TX 75710-1138 U.S.A.
Correo electrónico: info@editorialjucum.com
Teléfono: (903) 882-4725
www.editorialjucum.com

El Reino que nunca cambia - Pam Viana B.

Ilustración: Pam Viana B.

Diseño de tapa: Pam Viana B.

Versiones de la Biblia:

ISBN 978-1-64836-068-8

Impreso en Colombia

www.nomos.co

ESTE LIBRO PERTENECE A:

____

ÍNDICE

¿QUÉ VAS A ENCONTRAR EN ESTE LIBRO?

En este libro encontrarás herramientas para tener una relación más real con el Rey de Reyes, que puedas vivir de manera práctica los principios de Reino de Dios y al final equiparte para la vida.

ABC VOCABULARIO

Aquí podrás conocer palabrás nuevas e incluso algunos lugares del mundo.

PALABRAS CLAVES

Esta sección te ayudará a entender mejor la idea principal de cada capítulo.

VERSÍCULOS CLAVES

El versículo clave te ayudará a encontrar cada principio del Reino.

TÉRMINOS CLAVES

Cada término clave será muy importante para que puedas comenzar a aplicar lo que aprendiste.

PARA PRACTICAR

Aquí es donde comenzarás a vivir el Reino de Dios en tu vida.

EL OBJETIVO PRINCIPAL DE ESTE CAPÍTULO ES DEFINIR EL REINO DE DIOS.

ESTE REINO ESTÁ EN CUALQUIER LUGAR DONDE SE HACE SU VOLUNTAD.

CAPÍTULO I

¿QUÉ ES EL REINO DE DIOS?

Antes de empezar quiero que pienses un momento en esto: La visión bíblica del Reino de Dios, no es una visión cualquiera ¡es la más grande que el mundo ha visto! Es la visión por la que Jesús vivió, trabajó, sufrió y murió. Y fue esa la misión que dejó a sus discípulos y es la misma que te dejó a ti para que tengas una vida llena de propósito.

¡Disfruta mucho este tiempo!

PALABRAS CLAVES

¿Qué es el Reino de Dios?

Lee el siguiente versículo, búscalo en tu Biblia y subráyalo.

> 9 Ora de la siguiente manera: Padre nuestro que estás en el cielo,
> que sea siempre santo tu nombre. 10 Que tu reino venga pronto.
> Que se cumpla tu voluntad en la tierra.
>
> Mateo 6:9-10

Encuentra la palabra secreta llenando las letras a través de los hilos de colores.

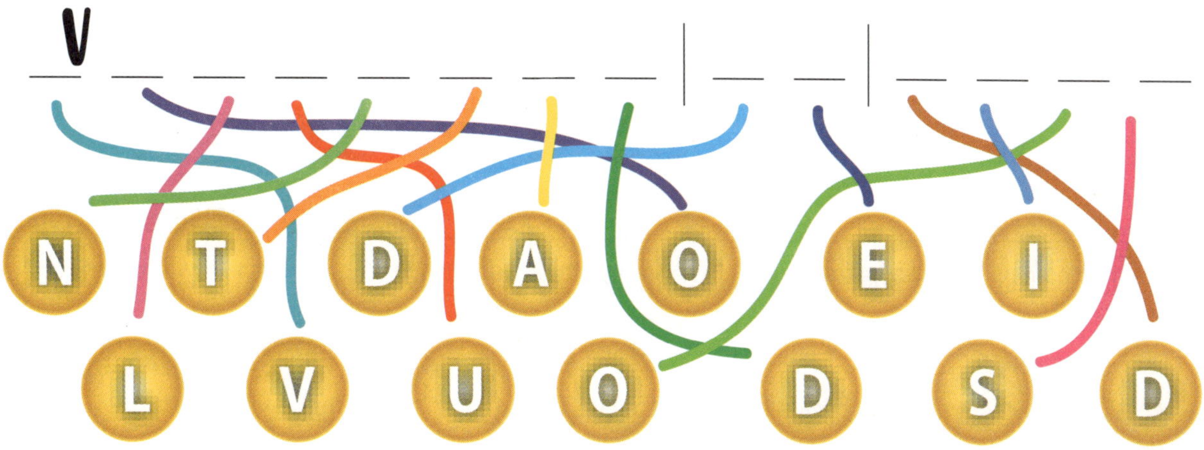

Llena el espacio en blanco con la palabra clave que descubriste.

1. La ______________________ es el deseo de Dios para nosotros.

Escribe en tus propias palabras: ¿Qué es la voluntad de Dios?

____

____

____

¿Qué es el Reino de Dios?

PALABRAS CLAVES

Encuentra las palabras escondidas buscando las letras que sean del mismo color que aparece debajo de cada línea.

R _ _ _ _ _ _ _ _ _ | _ _ _ _ _ _ _

A A E E E E I O C G N N L L R R V

Llena el espacio en blanco con las palabras clave que descubriste.

2. La ______________________________ es en la que Dios se da a conocer a todos por medio de la creación, la razón y la conciencia para que podamos saber que Él existe y es real.

¿Por qué crees que la creación nos ayuda a ver que Dios existe y es real?

____

____

Completa el nombre de los animales y encuentra la palabra secreta.

P			P	V A	M A R	P	D E
☐	☐	☐	☐	☐	☐	☐	☐
R R O	A P O	U M A	Z	A	P O S A	T O	F I N

¿Qué es el Reino de Dios?

PALABRAS CLAVES

Llena el espacio en blanco con la palabra clave que descubriste.

3. La REVELACIÓN ______________________ es cuando conocemos a Dios por medio de Su Palabra (La Biblia), por medio de Jesús o por medio de lo que el Espíritu Santo nos enseña de Dios.

Explica con tus propias palabras ¿Cómo puedes tener una revelación especial de Dios en tu vida?

____

____

____

Dibuja con letra bonita y creativa las 3 palabras que aprendiste.

¿Qué es el Reino de Dios?

VERSÍCULOS CLAVES

Lee el siguiente versículo.

> 10 Que tu reino venga pronto.
> Que se cumpla tu voluntad en la tierra.
>
> Mateo 6: 10

Contesta las siguientes preguntas:

1. ¿El Reino de quién pide Jesús que venga? ______________________________

2. ¿Dónde quiere Jesús que se haga la voluntad de Dios? ______________________________

____

3. Lee la frase «Venga tu Reino, hágase tu voluntad». Escribe en tus propias palabras ¿Qué significa que venga el Reino de Dios? ______________________________

____

EL REINO DE DIOS ESTÁ DONDE SE HACE SU VOLUNTAD

DIFERENCIA ENTRE EL CIELO Y LA TIERRA

EN EL CIELO

En el cielo se hace completamente la voluntad de Dios, todos obedecen y hacen lo que Dios desea, por esta razón el cielo es un lugar perfecto.

EN LA TIERRA

En la tierra NO se hace completamente la voluntad de Dios, con nuestra desobediencia se perdió la relación con Dios y por eso vivimos tantas cosas malas.

¿Cómo crees que sería la tierra si más personas vivieran haciendo la voluntad de Dios?

____

____

____

____

____

____

¿Qué es el Reino de Dios?

TÉRMINOS CLAVES

Todo Reino tiene 4 elementos fundamentales: Un Rey, leyes, personas y un lugar donde gobernar. El Reino de Dios también tiene estos 4 elementos.

Relaciona los elementos de la columna de la derecha con los de la izquierda uniendo con una línea y escribe los 4 elementos de un reino.

	REINOS EN LA TIERRA	REINO DE DIOS	4 ELEMENTOS
1.	 Un rey	 Un lugar donde se hace la voluntad de Dios	1.__________
2.	 Leyes	 Hijos de Dios que hacen la voluntad de Dios	2.__________
3.	 Personas sobre las cuales gobernar	 Dios	3.__________
4.	 Un lugar o territorio	 La Biblia o Palabra de Dios	4.__________

Puedes traer el Reino de Dios a cualquier lugar: Tu hogar, con tus amigos o tu iglesia haciendo lo que a Dios le agrada.

PARA PRACTICAR

¿Qué es el Reino de Dios?

Para Jesús el Reino de Dios fue un tema muy importante, por eso dedicó mucho tiempo a enseñar sobre ello, de igual manera para nosotros ese también debe ser un tema de gran importancia.

Escribe cómo cambiaría tu vida si fueras completamente obediente a la voluntad de Dios.

En tu comunión con Dios...

____
____
____
____
____
____

En tu familia...

____
____
____
____
____
____

En tu iglesia...

____
____
____
____
____
____

Con tus amigos...

____
____
____
____
____
____

Pide a Dios que te ayude a cambiar esas cosas que NO hacen parte de Su voluntad para que puedas disfrutar Su Reino en tu vida, en tu familia, con tus amigos y tu iglesia.

EL OBJETIVO PRINCIPAL DE ESTE CAPÍTULO ES ENTENDER QUE EL REINO DE DIOS ES: UNA REALIDAD GLOBAL QUE TRAE SANIDAD A TODOS LOS ASPECTOS DE LA VIDA Y A TODOS ELEMENTOS DE LA CREACIÓN.

CAPÍTULO 2

EL PLAN GLOBAL

CAUDALOSO: adj. De mucha agua. Río, lago, manantial caudaloso.

LABRAR: Trabajar una materia reduciéndola al estado o forma conveniente para usarla.

REPROCHAR: tr. Reconvenir, echar en cara.

CONTEMPLAR: tr. Poner la atención en algo material o espiritual. Ocuparse con intensidad en pensar en Dios y considerar sus atributos divinos o los misterios de la religión.

REINO UNIDO

El autor y profesor cristiano Os Guiness cuenta la fascinante historia de su tátara Abuela Jane Lucrecia D´Esterre. Esta historia ocurrió en 1815 cuando ella tenía solo 18 años y vivía en **ESCOCIA**. Era joven, talentosa y hermosa, pero su esposo había muerto, por lo que quedó sola, pobre y con la obligación de criar dos niños. Un día Jane se encontraba apoyada en la baranda de un puente, observando las frías aguas del **CAUDALOSO** río mientras estaba allí recordó las circunstancias tan tristes que estaba viviendo y pensó si valdría la pena seguir viviendo; pero entonces... Jane levantó momentáneamente los ojos y vio a un granjero **LABRANDO** la tierra.

Parecía tener la misma edad que ella y estaba concentrado en su labor. Aquel joven iba trazando cuidadosa y detalladamente las rayas en la tierra que parecían trazos excelentemente hechos en un óleo por un gran artista de la pintura. Aunque ella se encontraba a cierta distancia, entendió que aquel labrador cantaba himnos cristianos. A pesar de sus aflicciones, Jane **CONTEMPLÓ** maravillada su trabajo y quedó llena de un gran sentido de admiración. Luego, poco a poco, la admiración se cambió en **REPROCHE**. ¿Qué estaba haciendo ella en aquel puente, sintiendo pena por ella misma? ¿Cómo podía ser tan egoísta cuando tenía 2 niños pequeños que la necesitaban? Entonces resolvió volver a su hogar y así fue rescatada de la muerte por la simple contemplación del trabajo bien hecho de aquel joven.

En este capítulo aprenderás que el Reino de Dios es una realidad global que necesita una sanidad sustancial (esta palabra la aprenderás en las palabras claves) en todos los aspectos de la vida y en todo espacio de la creación.

El plan global

PALABRAS CLAVES

Lee el siguiente versículo, búscalo en tu Biblia y subráyalo.

15 Cristo es el Hijo de Dios, y existe desde antes de la creación del mundo; él es la
imagen del Dios que no podemos ver. 16 Por medio de él, Dios creó todo lo que hay
en el cielo y en la tierra, lo que puede verse y lo que no se puede ver, y también los
espíritus poderosos que tienen dominio y autoridad. En pocas palabras: Dios creó
todo por medio de Cristo y para Cristo.

Colosenses 1:15-18

Llena el espacio en blanco con la palabra clave que descubriste.

F s I C T A R I n A

____

Ordena las letras de pequeño a grande.

____________________ Es el proceso de crecer en santidad y perfección para mostrar la imagen de Cristo. Este proceso lo hace el Espíritu Santo en la vida de cada uno de los creyentes, pero también necesita que cada uno aplique y viva las verdades que Dios nos enseña en su palabra.

I R E I M D R

____

Ordena las letras de grande a pequeño.

____________________ Esta palabra significa, salvar o rescatar, también se usa para cuando vuelves a comprar algo. En la Biblia se usa esta para hablar de lo que Dios hizo a través de Jesucristo al liberarnos, salvarnos, rescatarnos del castigo del pecado.

PALABRAS CLAVES

El plan global

EUCASLR

____

______________ Este término se usa para hablar de cosas que no son espirituales, cosas mundanas. Sin embargo, la biblia nos enseña que todas las cosas que hacemos tienen una conexión en lo espiritual.

Ordena las letras del color más claro al más oscuro.

ISVNIÓ

____

Tienes ______________ cuando ves las cosas como serán en el futuro, estás viendo con los ojos de la fe. Cuando Dios nos da una imagen de cómo serán las cosas cuando todo esté sanado y no estemos bajo las consecuencias del mal.

Ordena las letras del color más oscuro al más claro.

STANU ICLSA

____

______________ es cuando algo que está casi acabado pero incompleto.

Dios ha venido haciendo una sanidad real y muy importante en las cosas que se dañaron cuando entró el pecado, pero todo será completado cuando Jesús regrese y se establezca su Reino.

Ordena las letras en el siguiente orden de colores.

El plan global

PALABRAS CLAVES

Dibuja con letra bonita y creativa las 5 palabras que aprendiste.

VERSÍCULOS CLAVES

El plan global

Lee con atención los versículos claves.

15 Cristo es el Hijo de Dios, y existe desde antes de la creación del mundo; él es la imagen
del Dios que no podemos ver. 16 Por medio de él, Dios creó todo lo que hay en el cielo y en
la tierra, lo que puede verse y lo que no se puede ver, y también los espíritus poderosos
que tienen dominio y autoridad. En pocas palabras: Dios creó todo por medio de Cristo y
para Cristo. 17 Cristo existía antes de todas las cosas. Por medio de él, todo se mantiene
en orden, 18 y él gobierna a su iglesia y le da vida. Él es la cabeza, y la iglesia es su cuerpo.
Cristo es el principio de todas las cosas. Por eso él fue el primero en resucitar, para que
ocupe el primer lugar en todo.

Colosenses 1:15-17

Contesta las siguientes preguntas:

1. ¿Quién es Cristo según el versículo 15? ____________________

2. Lee el versículo 16 y responde ¿Qué función tuvo Cristo en la creación? ____________________

3. Lee el versículo 17 ¿Crees que la creación puede estar separada de Cristo? ____________________

¿Por qué? ____________________

El plan global

TÉRMINOS CLAVES

Después de la entrada del pecado con la caída de Adán y Eva se rompieron al menos 4 relaciones: con Dios, con nosotros mismos, con los demás y con la creación. Este rompimiento permitió que toda clase de maldad entrara a la tierra. Las peleas, las envidias, la tristeza son algunas de muchas consecuencias que la entrada del pecado ha traído.

Escribe algunas de las consecuencias que tú crees o has visto que se generaron al romperse la relación con Dios por la entrada del pecado.

1. Con DIOS:

____

____

____

____

____

____

____

2. Con NOSOTROS MISMOS

____

____

____

____

____

____

____

3. Con los DEMÁS

4. Con la CREACIÓN

JESÚS RECONCILIÓ EN ÉL TODAS LAS COSAS, PARA QUE HAYA UNA TRANSFORMACIÓN COMPLETA QUE IMPACTE TODAS LAS RELACIONES.

El plan global

PARA PRACTICAR

TODO lo que hacemos, todo, sin importar lo que sea debemos hacerlo pensando en dar gloria a Dios. Cada tarea puede ser un acto de adoración.

Haz una lista de las actividades que tienes en tu estudio, la iglesia, con tu familia, amigos, etc, y escribe al frente cómo crees que puedes hacerlas para glorificar a Dios.

ACTIVIDADES	¿CÓMO PUEDO HACER LA ACTIVIDAD PARA QUE GLORIFIQUE Y AGRADE A DIOS?
Oganizar mi cuarto	Organizar con alegría y tener todo lindo.

PARA PRACTICAR

El plan global

Escribe en otra hoja o cartulina este versículo para que puedas pegarlo en un lugar que te recuerde hacer todas las cosas de manera que agrade al Señor.

Y TODO LO QUE HAGAN O DIGAN, HÁGANLO COMO VERDADEROS SEGUIDORES DEL SEÑOR JESUCRISTO, Y DENLE GRACIAS A DIOS EL PADRE POR LO QUE CRISTO HA HECHO POR USTEDES.

COLOSENSES 3:17

EL OBJETIVO PRINCIPAL DE ESTE CAPÍTULO ES ENTENDER QUE EL REINO DE DIOS ES EL PUNTO DE VISTA RECTO O CORRECTO Y QUE EL MUNDO ES EL PUNTO DE VISTA OPUESTO.

CAPÍTULO 3

UN PUNTO DE VISTA RECTO

Un punto de vista recto

ABC VOCABULARIO

DESBORDANTE: Esparcirse como agua; inundar; cubrir con agua u otro fluido.Para llenar más allá del borde.

MENESTEROSO: Indigente; muy pobre; angustiado por la falta de medios de vida.

MARCO AURELIO: Ha sido uno de los más grandes emperadores de Roma. No solo fue un gran estratega militar y un responsable político sino que, también, fue un profundo filósofo.

ITALIA

Cuando los soldados regresaron a **ROMA** después de combatir, a mediados del siglo II volvieron con algo inesperado, una gran pandemia, hoy conocida como viruela que fue tan grave que en quince años murieron más de cinco millones de personas, más de la mitad de la población Romana, incluido el famoso emperador **MARCO AURELIO**. Según Dionisio, obispo de Alejandría, la reacción típica de la gente ante la enfermedad fue la huida. «Con el primer brote de la enfermedad, los romanos no creyentes dejaban a los enfermos abandonados al borde de los caminos aun antes de su muerte y huían abandonando a sus seres queridos. Los trataban como basura». Incluso Galeno de Pérgamo, un médico famoso, abandonó la ciudad de Roma precipitadamente para huir a su país natal hasta cuando el peligro se alejara.

Pero otra historia vivió Dionisio quien escribió: «...la mayor parte de nuestros hermanos cristianos mostraban un amor y una lealtad **DESBORDANTES**: se entregaban sin reserva a ayudar a los **MENESTEROSOS** y sólo pensaban en los demás. Sin importarles el peligro se ocupaban de los enfermos, atendían a sus necesidades y les cuidaban en el nombre de Cristo... Muchos de los que cuidaban y atendían a los enfermos se contagiaron y dieron su vida por ellos».

¿Por qué razón los primeros cristianos obraron en forma tan distinta a la de los incrédulos? ¿Qué les movía a cuidar de los enfermos –incluso de los que no eran parientes suyos– sabiendo que podían contagiarse y morir?

En esta sesión descubriremos que el Reino de Dios representa un punto de vista opuesto al del mundo. Invierte la perspectiva del mundo –o más bien, la pone al derecho– En resumen, el Reino de Dios pone las cosas en orden, como las planeó Dios originalmente.

Un punto de vista recto

PALABRAS CLAVES

Busca letras y organízalas en este orden de colores y arma la palabra.

Esta palabra significa estar feliz o alegre. Pero si quieres vivirla realmente debes confiar en Dios, temerle y amarle. La palabra es: ___ ___ ___ ___ ___ ___ ___ ___ ___

Esta palabra es la estima, el amor, el cariño que le pones a una cosa, acción, actitud o creencia.
La Palabra es: ___ ___ ___ ___ ___

VERSÍCULOS CLAVES

Un punto de vista recto

Lee el siguiente versículo, búscalo en tu Biblia y subráyalo.

25 No vivan pensando en qué van a comer, qué van a beber o qué
ropa se van a poner. La vida no consiste solamente en comer, ni
Dios creó el cuerpo sólo para que lo vistan. 26 Miren los pajaritos
que vuelan por el aire. Ellos no siembran ni cosechan, ni guardan
semillas en graneros. Sin embargo, Dios, el Padre que está en el cielo, les da
todo lo que necesitan. ¡Y ustedes son más importantes que ellos! 27 ¿Creen
ustedes que por preocuparse vivirán un día más? 28 Aprendan de las flores
que están en el campo. Ellas no trabajan para hacerse sus vestidos. 29 Sin
embargo, les aseguro que ni el rey Salomón se vistió tan bien como ellas,
aunque tuvo muchas riquezas.
30 Si Dios hace tan hermosas a las flores, que viven tan poco tiempo, ¿acaso
no hará más por ustedes? ¡Veo que todavía no han aprendido a confiar en
Dios! 31 Ya no se preocupen por lo que van a comer, o lo que van a beber, o por
la ropa que se van a poner. 32 Sólo los que no conocen a Dios se preocupan por
eso. Ustedes tienen como padre a Dios que está en el cielo, y él sabe lo que
ustedes necesitan. 33 Lo más importante es que reconozcan a Dios como único
rey, y que hagan lo que él les pide. Dios les dará a su tiempo todo lo que nece-
siten. 34 Así que no se preocupen por lo que pasará mañana. Ya tendrán
tiempo para eso. Recuerden que ya tenemos bastante con los problemas de
cada día.

Mateo 6:25-34

Un punto de vista recto

VERSÍCULOS CLAVES

Contesta las siguientes preguntas:

1. ¿Cuáles son las prioridades para la gente del mundo? (Lee el versículo 31).

____

____

2. ¿Cuál debe ser la prioridad del pueblo de Dios? (Lee el versiculo 33).

____

____

3. ¿Cuál es la promesa de Dios para los que buscan el Reino de Dios como lo más importante?) v. 33

____

____

Lee Mateo 6: 14-15 búscalo en tu Biblia y subráyalo.

14 »Si perdonas a los que pecan contra ti, tu Padre celestial te perdonará a ti
15 pero si te niegas a perdonar a los demás, tu Padre no perdonará tus pecados.

Mateo 6:14-15

1. ¿Por qué debemos perdonar a otras personas cuando pecan contra nosotros? v.14

____

____

2. ¿Cuál es la consecuencia si decidimos no perdonar? V.15

____

____

TÉRMINOS CLAVES

Un punto de vista recto

Lee el siguiente versículo, búscalo en tu Biblia y subráyalo.

36 —Maestro, ¿cuál es el mandamiento más importante en la ley de Moisés?
37 Jesús contestó:
—"Ama al Señor tu Dios con todo tu corazón, con toda tu alma y con toda tu mente".
38 Este es el primer mandamiento y el más importante. 39 Hay un segundo
mandamiento que es igualmente importante: "Ama a tu prójimo como a ti mismo".
40 Toda la ley y las exigencias de los profetas se basan en estos dos mandamientos.

Mateo 22:36-40

1. ¿Cuál es el primer y más importante mandamiento?

____

____

____

2. ¿Cuál es el segundo mandamiento más importante?

____

____

____

RECUERDA QUE ¡EL VERDADERO SENTIDO DE LA VIDA LO ENCONTRAMOS AL MORIR A NOSOTROS Y VIVIR PARA CRISTO!

Un punto de vista recto

PARA PRACTICAR

Compara lo que la Biblia nos enseña del Reino de Dios y lo que creen las personas del mundo.

Busca los versículos en tu Biblia para que puedas guiarte en las respuestas.

Valor	Escritura (escribe la cita bíblica)	¿Qué enseña el Reino de Dios?	¿Qué cree el mundo?
¿Cuál deber ser nuestra mayor priodidad?	Mateo 6:33		
¿Cómo tratar a las personas?	Lucas 6:31		

PARA PRACTICAR

Un punto de vista recto

Valor	Escritura (escribe la cita bíblica)	¿Qué enseña el Reino de Dios?	¿Qué cree el mundo?
¿Cómo tratar a los enemigos?	Lucas 6:27		
¿Debemos perdonar?	Mateo 6:14-15		

Piensa una cosa concreta que vas a hacer esta semana para practicar el punto de vista de Dios. Tal vez haya alguien a quien debas perdonar. Tal vez debes dejar de hacer algo que sabes que hace sentir mal a los demás. tal vez puedas tener un acto de amor con alguna persona que no ha sido buena contigo o tal vez quieras pasar más tiempo con Dios.

EL OBJETIVO PRINCIPAL DE ESTE CAPÍTULO ES DESCUBRIR QUE DIOS SE ALEGRA AL USAR COSAS PEQUEÑAS O INSIGNIFICANTES PARA EXTENDER SU REINO. ÉL USA LOS TALENTOS, LOS ACTOS DE SERVICIO, LA GENEROSIDAD Y TODO LO APARENTEMENTE INSIGNIFICANTE PARA MULTIPLICARLOS. A ESTO LO LLAMAMOS: LAS MATEMÁTICAS DEL REINO.

CAPÍTULO 4

LAS MATEMÁTICAS DEL REINO

VOCABULARIO

SOLLOZANTE: Llorar suspirando con un movimiento de pecho.

DESALIÑADO: Que no cuida la forma de vestir ni el aseo personal.

RECAUDAR: Reunir cierta cantidad de dinero a partir de varias contribuciones.

ESTADOS UNIDOS

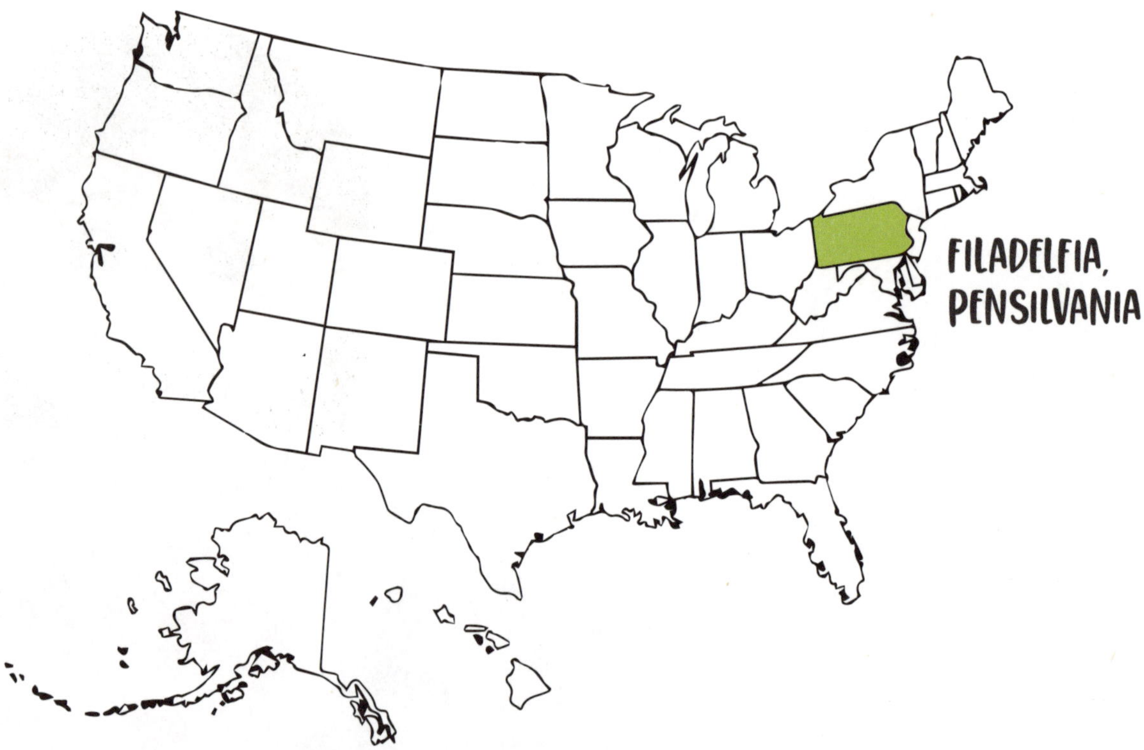

Era el año 1884, en **FILADELFIA, PENSILVANIA**, cuando una pequeña niña de aproximadamente 8 años llamada Hattie May Wiatt estaba **SOLLOZANTE**, parada cerca de una pequeña iglesia de la que había sido rechazada porque estaba demasiado llena de gente. «¿No puedo ir a la escuela dominical?» sollozó al pastor mientras pasaba.

Al ver su aspecto **DESALIÑADO** y descuidado, el pastor adivinó la razón y, tomándola de la mano, la llevó adentro y le encontró un lugar en la clase de la escuela dominical. La niña estaba tan conmovida que se fue a la cama esa noche pensando en los niños que no tienen un lugar para adorar a Jesús.

Unos dos años después, Hattie murió y mientras movían su cuerpecito, se encontró un bolso gastado y arrugado, en el interior se encontraron 57 centavos y una nota escrita que decía: «Esto es para ayudar a construir una iglesia más grande, para que más niños puedan ir a la escuela dominical». Cuando el pastor leyó con lágrimas en los ojos esa nota, supo instantáneamente lo que haría. Contó la historia de Hattie a todos y los desafió a ponerse a trabajar y **RECAUDAR** suficiente dinero para construir un edificio más grande.

¡Pero la historia no termina allí! En los siguientes años, los 57 centavos que Hattie había dejado Dios los convirtió en una gran iglesia, un gran muy reconocido hospital y una de las universidades mas respetables de Pensilvania.

A lo largo de esta sesión descubriremos que Dios se deleita en usar las cosas pequeñas, pobres y débiles de este mundo para extender su Reino.

Las matemáticas del Reino

PALABRAS CLAVES

28 Tú debes saber que Dios no se cansa como nosotros; debes saber que su inteligencia es
más de lo que imaginamos. Y debes saber que su poder ha creado todo lo que existe. 29 Dios
les da nuevas fuerzas a los débiles y cansados. 30 Los jóvenes se cansan por más fuertes que
sean, 31 pero los que confían en Dios siempre tendrán nuevas fuerzas. Podrán volar como
las águilas, podrán caminar sin cansarsey correr sin fatigarse.

Isaias 40:28-31

Descubre la palabra buscando la letra que corresponde a cada flor.

Llena los 2 espacios en blanco con la misma palabra clave que descubriste.

____________________ es hacer que algo aumente su superficie, ocupe más lugar o espacio que el que antes ocupaba. Es Dios quien se encarga de ____________________ Su Reino, pero prefiere usar a los pequeños, débiles o pobres para que su obra brille en ellos.

PALABRAS CLAVES

Mira bien y ordena los niños del más pequeño al más grande y descubre la palabra.

i R C i i P O N P

___ ___ ___ ___ ___ ___ ___ ___ ___

Un ________________________________ es una verdad general o una ley fundamental que sirve como norma de acción. Es una regla que se debe cumplir.

Dibuja con letra bonita y creativa las 2 palabras que aprendiste.

VERSÍCULOS CLAVES

Lee el siguiente versículo, búscalo en tu Biblia y subráyalo.

28 Tú debes saber que Dios no se cansa como nosotros; debes saber que su inteligencia es
más de lo que imaginamos. Y debes saber que su poder ha creado todo lo que existe. 29 Dios
les da nuevas fuerzas a los débiles y cansados. 30 Los jóvenes se cansan por más fuertes que
sean, 31 pero los que confían en Dios siempre tendrán nuevas fuerzas. Podrán volar como
las águilas, podrán caminar sin cansarsey correr sin fatigarse.

Isaias 40:28-31

Contesta estas preguntas:

1. ¿Cómo describen estos versículos a Dios?

____

____

____

2. ¿Qué hace Dios con los débiles y cansados?

____

____

____

3. ¿Qué debes hacer para que el Señor renueve tus fuerzas cuando te sientas cansado?

____

____

____

VERSÍCULOS CLAVES

Las matemáticas del Reino

DIOS HACE MÁS CON MENOS.

Dios se deleita en multiplicar la fuerza de los débiles para hacer que su Reino crezca. Dios puede convertir cualquiera de nuestras debilidades en una fortaleza para que entendamos, que todo lo hacemos gracias a Él y no es por nuestras propias fuerzas.

A continuación, aprenderás una ecuación muy poderosa para tu vida.

Haciendo las sumas encontrarás el número para poner dentro de cada cuadrola letra que corresponde.

CONFIANZA EN DIOS X MI DEBILIDAD

=

2+3	1+0	3+1	2+4	1+2	4+5	1+1	5+2	6+2
F								

1=O	2=E	3=A	4=R	5=F	6=T	7=Z	8=A	9=I

Escribe la ecuación que acabas de aprender.

_____________________________ POR

_____________________________ IGUAL

____

Las matemáticas del Reino

TÉRMINOS CLAVES

Ahora veamos cómo Dios convirtió la debilidad de muchos en el Antiguo Testamento en fortaleza para demostrar que Él es le más grande y poderoso que todo y todos.

Une el personaje con sus debilidades y con lo que Dios hizo con cada uno al final.

No sabía hablar bien.
Estaba huyendo.
Tenía mal carácter.

Venció al gigante Goliat y toda su armadura con solo una honda.

Era un labrador.
Tenía miedo.
Era débil.

Habló frente al Emperador y liberó al pueblo de la esclavitud en Egipto.

Era pastor de ovejas.
Menospreciado.
Muy pequeño.

Venció valientemente con muy pocos hombres a los miles de Madianitas que iban a matarlos.

DIOS QUIERE HACER MUCHO CON TU VIDA. PON TUS DONES, TALENTOS Y RECURSOS AL SERVICIO DEL SEÑOR Y PODRÁS VER CÓMO ÉL HACE GRANDES COSAS CON TU VIDA.

PARA PRACTICAR

Las matemáticas del Reino

RECUERDA, DIOS CON POCO PUEDE HACER MUCHO.

1. Escribe los talentos, dones o recursos que puedes poner al servicio del Señor para que Él los multiplique. (cosas en las que eres bueno, lo que te gusta hacer, tu tiempo libre, objetos, etc.).

2. Escribe algunas de tus debilidades y piensa cómo Dios puede usarlas para que otros vean el poder de Dios a través de tu vida.

3. Ora pidiéndole a Dios que te ayude a transformar tus debilidades en fortalezas, que las personas que te rodean puedan ver Su poder obrando en ti.

¡NO OLVIDES QUE NO ES POR TUS TALENTOS O HABILIDADES SI NO POR EL PODER DE DIOS!

EL OBJETIVO PRINCIPAL DE ESTE CAPÍTULO ES CONOCER QUE LA GRANDEZA EN EL REINO DE DIOS NO SE MIDE POR EL DINERO QUE SE TIENE, EL PODER O LA POSICIÓN SOCIAL, SINO POR EL SERVICIO A LOS DEMÁS.

CAPÍTULO 5

LA DEFINICIÓN DE GRANDEZA

La definición de grandeza

ABC VOCABULARIO

ABNEGADO: Que se sacrifica o renuncia a sus deseos o intereses, generalmente por motivos religiosos o por altruismo.

CONMOVER: Hacer que una persona se emocione hasta el punto de despertarle deseos de llorar. (especialmente una persona mediante una demostración de cariño, un acto de amor, etc.).

ANIMOSO: Que muestra animación o alegría.

MÉXICO

Cameron Townsend era un niño que vivía en California, Estados unidos junto a sus padres quienes le enseñaron sembrar y cosechar, su familia era muy trabajadora y le enseñaron a dar las gracias a Dios por todo. La familia de Cam leía la Biblia, cantaban alabanzas y oraban todo el tiempo. lo que dejó en Cam un deseo profundo se sembrar la semilla de la palabra de Dios en otros lugares.

Ya en su juventud Cam tomó la decisión de viajar a **MÉXICO** a repartir Biblias a los campesinos más necesitados, pero tuvo una gran sorpresa cuando se dió cuenta que en las aldeas y en el campo se hablaban otros idiomas. Uno de ellos le pregunto a Cam: ¿Por qué tu Dios no habla nuestro idioma? esto **CONMOVIÓ** el corazón de Cam y lo llevó a trabajar día y noche para poder traducir la Biblia al idioma de ellos. Cuando logró traducir el libro de Marcos, él les leía y ellos llorando felices le decían: «¡Dios habla nuestro idioma!».

Mientras que ellos seguían aprendiendo la Biblia Cam notó que habían muchas más necesidades en aquel lugar. Entonces comenzó a sembrar alimentos frescos, creó un sistema de riego que ellos pudieran usar, les enseñó a crear sus propios huertos y trajo mucha bendición a aquellos lugares sirviéndoles con amor mientras les enseñaba y traducía la Biblia para ellos.

Cameron es un ejemplo de servicio, él sabía que ellos necesitaban oír la Palabra de Dios en su propio idioma pero también entendía que debía servirles y ayudarles en sus necesidades con trabajo **ANIMOSO** y desinteresado.

En esta sesión descubriremos que en el Reino de Dios, la «grandeza» no se define por el estatus, la posición social ó el poder, sino por la obediencia humilde y el servicio **ABNEGADO.**

La definición de grandeza

PALABRAS CLAVES

42 Entonces Jesús los llamó a todos y les dijo:
—Ustedes saben que los que se sienten jefes y grandes señores se portan como los amos
del mundo e imponen su autoridad sobre todos. 43 Pero entre ustedes no debe ser así. Al
contrario, si alguien quiere ser importante, tendrá que servir a los demás. 44 Si alguno
quiere ser el primero, deberá ser el esclavo de todos. 45 Yo, el Hijo del hombre, soy así.
No vine a este mundo para que me sirvan, sino para servir a los demás. Vine para liberar
a la gente que es esclava del pecado, y para lograrlo pagaré con mi vida.

Marcos 10:42-45

Busca la forma de cada huevito y pon dentro la letra que corresponde.

Llena el espacio en blanco con la palabra que descubriste.

1. ______________________________ Esta palabra en la iglesia cristiana se usaba para referirse a personas que estaban completamente sometidas a la voluntad de Dios. También se usaba para las personas que estaban dispuestas a ayudar a los que lo necesitaban.

PALABRAS CLAVES

La definición de grandeza

Busca la forma de cada huevito y pon dentro la letra que corresponde.

2. ________________________________ Esta es la acción de adorar, servir a los demás, y obedecer completamente estando sometido al servicio de su amo.

Dibuja con letra bonita y creativa las 2 palabras que aprendiste.

La definición de grandeza

VERSÍCULOS CLAVES

Lee el siguiente versículo, búscalo en tu Biblia y subráyalo.

42 Entonces Jesús los llamó a todos y les dijo:
—Ustedes saben que los que se sienten jefes y grandes señores se portan como los amos
del mundo e imponen su autoridad sobre todos. 43 Pero entre ustedes no debe ser así. Al
contrario, si alguien quiere ser importante, tendrá que servir a los demás. 44 Si alguno
quiere ser el primero, deberá ser el esclavo de todos. 45 Yo, el Hijo del hombre, soy así.
No vine a este mundo para que me sirvan, sino para servir a los demás. Vine para
liberar a la gente que es esclava del pecado, y para lograrlo pagaré con mi vida.

Marcos 10:42-45

Contesta estas preguntas:

1. Según el versículo 42 ¿Cómo se mide la grandeza en el mundo?

____

____

2. ¿Cómo mide Jesús la grandeza? Lee los versículos 43-44

____

____

3. ¿Qué cosas NO vino a hacer Jesús y qué cosas SÍ vino a hacer? Versículo 45

NO ____

SÍ ____

____

VERSÍCULOS CLAVES

La definición de grandeza

Escribe en las nubes las cosas que crees que realmente tienen valor y nos ayudan a ser grandes en el Reino de Dios:

Escoge las 3 frases correctas y escríbelas en las nubes.

ACEPTAR QUE MIS DEBILIDADES SE VUELVEN FORTALEZAS EN DIOS.

SERVIR Y AYUDAR A OTROS.

QUE LOS DEMÁS ME DEN.

DAR A LOS DEMÁS.

CREER QUE YO PUEDO HACERLO TODO SOLO.

TENER PERSONAS QUE ME HAGAN TODO Y MANDARLAS.

La definición de grandeza

TÉRMINOS CLAVES

SERVIR A LOS DEMÁS ES EL VALOR MÁS GRANDE DE TODOS EN EL REINO DE DIOS

Como seguidores de Jesús nuestra mayor ambición debe ser imitarlo amando y sirviendo a nuestro prójimo.

Une con una línea la frase con la palabra correcta.

SI QUIERO SER EL MAYOR DEBO:	DIOS
TODO LO QUE HACEMOS POR LOS DEMÁS LO HACEMOS PARA:	JESÚS
EL SERVICIO A NUESTRO PRÓJIMO ES UNA FORMA DE DEMOSTRARLE NUESTRO:	SERVIR
EL MAYOR EJEMPLO DE SERVICIO FUE:	AMOR

PARA PRACTICAR

La definición de grandeza

Si los que seguimos a Cristo ponemos en práctica los que Jesús nos enseñó: amar los demás sirviéndoles; ¡Serían transformadas culturas enteras! Este proceso comienza con una persona, ¿Por qué no contigo?

Escribe ¿Cómo podrías empezar este gran cambio de ser servido a servir?

En tu comunión con Dios...	En tu hogar...
______	______

En tu iglesia...	En tu lugar de estudio...
______	______

Pide a Dios que te ayude a cambiar tu manera de pensar frente al servicio y que te dé oportunidades donde puedas demostrar a los demás que los amas sirviéndoles.

EL OBJETIVO PRINCIPAL DE ESTE CAPÍTULO ES APRENDER QUE NO HAY NADIE ESPIRITUALMENTE INFERIOR EN EL REINO DE DIOS. ¡TODOS SON BIENVENIDOS E IMPORTANTES!

CAPÍTULO 6

TODOS SON BIENVENIDOS

Todos son bienvenidos

VOCABULARIO

CASTA: En la India, grupo social al que se pertenece por nacimiento, y que, dentro de una etnia, se diferencia por su rango e impone la endogamia (Rechazo de personas).

MARGINAR: Prescindir o hacer caso omiso de alguien. Poner o dejar a una persona o grupo en condiciones sociales, políticas o legales de inferioridad.

INSIGNIFICANTE: De escasa importancia o relevancia. Dicho de una cosa: muy pequeña.

INDIA

En las afueras de **DHAKA**, capital de **BANGLADESH**, vive una comunidad de «intocables». Sus miembros pertenecen a la **CASTA** inferior de la sociedad. Los llaman así para que la gente no se acerque a ellos. Son indigentes y sobreviven rebuscando comida en los vertederos. Fueron transportados de la India a Bangladesh por colonos británicos para trabajar como esclavos en la construcción de carreteras y ferrocarriles.

Actualmente sobreviven barriendo las calles, limpiando retretes y recogiendo basura. Tienen una humilde escuela en la que únicamente se imparte el primer grado de educación elemental. En el aula hay niños de seis años mezclados con adolescentes.

Algunas veces esta escuela recibe visitas de extranjeros y se les anima a hablar con ellos y a escucharlos, a relacionarse con los niños y a abrazarlos en señal de cariño. El contacto con estos extranjeros expresa un poderoso mensaje; les dice que «son amados», que poseen un valor inmenso como personas y que no son intocables a los ojos de Dios.

En casi todos los países se **MARGINA** y se trata a algunos grupos de personas como si fueran **INSIGNIFICANTES**. Estos individuos se sienten solos y faltos de esperanza. Sin embargo, nadie es despreciable en el Reino de Dios. Todos son bienvenidos e importantes. Cualquiera puede ingresar en el Reino de Dios.

En esta sesión exploraremos cómo el Reino de Dios está abierto a todos.

Todos son bienvenidos

PALABRAS CLAVES

26 Ustedes han confiado en Jesucristo, y por eso todos ustedes son hijos de Dios.
27 Porque cuando fueron bautizados, también quedaron unidos a Cristo, y ahora
actúan como él. 28 Así que no importa si son judíos o no lo son, si son esclavos o libres,
o si son hombres o mujeres. Si están unidos a Jesucristo, todos son iguales.

Gálatas 3:26-28

Llena el espacio en blanco con la palabra clave que descubriste.

Arma el rompecabezas encajando las piezas.

1. ______________________ es cuando estamos hablando de cualidades o características diferentes.

2. La palabra ______________________ se usaba para hablar de todos los pueblos menos del pueblo judío.

PALABRAS CLAVES

3. La ________________ es un grupo familiar, tribu o clan. En el nuevo testamento se usa para hablar de raza, pueblo o grupo étnico. No lo confundas con el término de hoy que se usa para hablar de un país.

Dibuja con letra bonita y creativa las 3 palabras que aprendiste.

Todos son bienvenidos

VERSÍCULOS CLAVES

Lee el siguiente versículo, búscalo en tu Biblia y subráyalo.

26 Ustedes han confiado en Jesucristo, y por eso todos ustedes son hijos de Dios.
27 Porque cuando fueron bautizados, también quedaron unidos a Cristo, y ahora
actúan como él. 28 Así que no importa si son judíos o no lo son, si son esclavos o libres,
o si son hombres o mujeres. Si están unidos a Jesucristo, todos son iguales.

Gálatas 3:26-28

Contesta estas preguntas:

1. ¿Alguna vez te has sentido excluido (no aceptado) en un grupo? ¿Cómo te sentiste?

____

____

____

2. Lee el versículo 26. ¿Cómo podemos ser hijos de Dios?

____

3. En el versículo 28 ¿Qué crees que nos está enseñando el apóstol Pablo?

____

____

____

____

VERSÍCULOS CLAVES

Todos son bienvenidos

Escribe las diferencias (físicas) de estos niños :

____

____

____

____

____

Cada niño tiene frases en comùn, escribé cuales son esa 2 cosas que tienen en común.

1. ______________________________________
2. ______________________________________

TÉRMINOS CLAVES

¡EL REINO DE DIOS TIENE LAS PUERTAS ABIERTAS PARA TODOS!

Dios nos hizo diferentes para amarnos, aceptarnos y disfrutar esa variedad, pero no nos hizo para que haya peleas, envidias, ni rechazo entre nosotros. Dios nos ama a todos por igual, aunque nos dio tareas diferentes.

Une los puntos siguiendo el orden de los números.

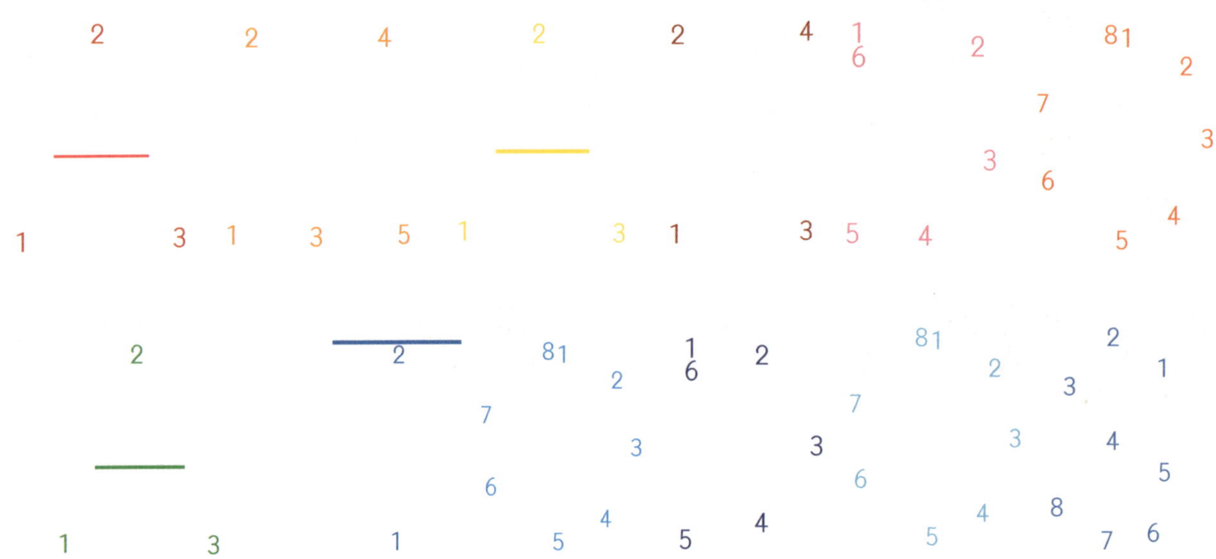

Para que lo invisible se vuelva visible aquí en la tierra debemos vivir ________________________

____

DIOS NOS PIDE QUE AMEMOS A TODOS, PERO NO QUE APROBEMOS LAS MALAS CONDUCTAS. LO QUE DEBEMOS HACER ES ORAR POR ELLOS Y CON AMOR AYUDARLOS A SALIR DEL PECADO.

PARA PRACTICAR

Todos son bienvenidos

Como hijos de Dios tenemos la responsabilidad de ser como Jesús, amando a los demás sin importar que sean diferentes a nosotros.

1. Piensa en aquellas personas que de algún modo has rechazado por ser diferentes a ti y pídele al Señor que te ayude a amarlos así como Jesús los ama.

Escribe sus nombres a continuación y ora pidiéndole a Dios su bendición sobre ellos.

2. Escribe los pensamientos y actitudes que vas a cambiar para que esas personas se sientan amadas.

Pon estas cosas que vas a escribir en práctica y cuéntale a tu familia, a tus compañeros o en tu iglesia cómo fue tu experiencia.

EL OBJETIVO PRINCIPAL DE ESTE CAPÍTULO ES EXAMINAR CÓMO EL REINO DE DIOS PUEDE AVANZAR EN CUALQUIER CULTURA.

CAPÍTULO 7

EL AVANCE DEL REINO DE DIOS

ABC VOCABULARIO

PROMOVER: tr. Impulsar el desarrollo o la realización de algo. tr. Ascender a alguien a un empleo o categoría superiores.

SUPRIMIR: tr. Hacer cesar, hacer desaparecer. tr. Omitir, callar, pasar por alto.

ABOLIR: tr. Derogar, dejar sin vigencia una ley, precepto, costumbre, etc.

REINO UNIDO

William Wilberforce nació el 24 de agosto de 1759 en Kingston upon Hull, **INGLATERRA** y estudió en la universidad de Cambridge. Pero fue a sus 25 años de edad en un viaje por Europa con su madre y su hermana cuando William leyó un libro cristiano que cambiaría su vida para siempre, fue tanto el impacto que tuvo en su vida que se convirtió al evangelismo cristiano, perdió el interés en los juegos de cartas y en la bebida, y empezó a levantarse temprano por las mañanas para leer la Biblia.

Desde ese entonces, decidió poner el trabajo de su vida al servicio de Dios y sus opiniones políticas estuvieron guiadas por su fe y su deseo de **PROMOVER** la ética cristiana. Así empezó la preocupación de toda una vida con la reforma social. Dios había puesto en él el objetivo de **SUPRIMIR** el comercio de esclavos, así lo escribió en su diario.

Así fue como William comenzó su lucha para **ABOLIR** la esclavitud, pero no fue sino varias años después, luego de muchas derrotas y muchos rechazos que William tuvo una gran idea y logró hacer que se prohibiera a los dueños de los esclavos comercializar con las colonias francesas. Esta pequeña victoria fue un gran paso que debilitó a los dueños de los barcos que llevaban los esclavos.

La meta aun no estaba completa y William no desistía en su lucha, pero fue hasta 3 días antes de su muerte que escuchó la gran noticia, el 26 de julio de 1833, el Gobierno introdujo una Ley para la Abolición de la Esclavitud. Lo que cambiaría la historia por completo.

Mediante la obediencia de una sola persona, Dios es capaz de propagar ampliamente su Reino y transformar toda una cultura. En esta sesión examinaremos cómo puede el Reino de Dios avanzar en cualquier cultura.

El avance del Reino de Dios

PALABRAS CLAVES

Ordena de la más pequeña a las más grande y encuentra la palabra secreta.

Llena el espacio en blanco con la palabra clave que descubriste.

1. La ______________________________ es un modelo de pensamiento con conviccionés muy fuertes que también está unido a creencias religiosas y pasa de generación a generación.

Busca la forma correcta de cada carro para descubrir el significado.

____

2. Cuando hablas de una ______________________________ estás haciendo referencia a un grupo de personas que comparten el mismo propósito, las tradiciones y algunas formas de comportarse.

PALABRAS CLAVES

El avance del Reino de Dios

Encuentra el significado de cada nota para hallar la palabra correcta

do = ne
re = ci
mi = re
fa = ra
sol = on
la = ge

_____ _____ _____ _____ _____ _____

3. ________________ un nuevo nacimiento o profunda transformación del ser. Es un cambio propiciado por el Espíritu Santo y que habla del paso de la muerte espiritual a la vida en Cristo.

Dibuja con letra bonita y creativa las 3 palabras que aprendiste.

El avance del Reino de Dios

VERSÍCULOS CLAVES

Lee el siguiente versículo, búscalo en tu Biblia y subráyalo.

31-32 Jesús también les hizo esta comparación:
Con el reino de Dios pasa algo parecido a lo que sucede con la semilla de mostaza. A pesar de ser muy pequeña, cuando un hombre la siembra en su terreno, crece hasta convertirse en la más grande de las plantas del huerto. Llega a ser tan grande como un árbol, y hasta los pájaros hacen nidos en sus ramas.

Mateo 13:31-32

Contesta estas preguntas:

DIOS COMIENZA CON ALGO PEQUEÑO PARA GENERAR UN GRAN IMPACTO.

1. ¿Con qué se compara el Reino de Dios?
Lee el versículo 31.

____

____

____

2. ¿Por qué crees que Dios compara Su Reino con una semilla de mostaza?

____

____

____

____

____

VERSÍCULOS CLAVES

El avance del Reino de Dios

Lee el siguiente versículo, búscalo en tu Biblia y subráyalo.

33 Jesús les puso una comparación más:
«Con el reino de Dios pasa lo mismo que con la harina. Cuando una mujer pone en
ella un poquito de levadura, ese poquito hace crecer toda la masa.»

Mateo 13:33

Pinta el balde con el color que resulta de la combinación.

El amarillo transforma el azul en:

____

El amarillo transforma el rojo en:

____

Así como solo un poco de amarillo transforma todo el azul y el rojo, un poco de levadura transforma toda la masa para que crezca. La levadura representa el poder transformador del Reino de Dios y la masa representa el mundo.

El avance del Reino de Dios

VERSÍCULOS CLAVES

Descubre cada palabra con la pista que está junto a cada una.

ESTABLECER EL ___________  DE DIOS

EN LA _________  COMO EN EL ______. 

La iglesia ha sido llamada para comprometerse a transformar el mundo. Luchamos como soldados, para conquistar territorios y haciendo retroceder al enemigo. Lee la frase que acabas de completar y escribe ¿Cuál es nuestra meta? ____

____

Descubre las 3 armas que debemos usar para establecer el Reino de Dios.

Como soldados en una guerra debemos usar nuestras armas, que son más poderosas que cualquier arma.

1. ______________________________
2. ______________________________
3. ______________________________

Busca el color correspondiente a cada número.

EL INDIVIDUO (YO)

LA IGLESIA

LA FAMILIA

EL MUNDO

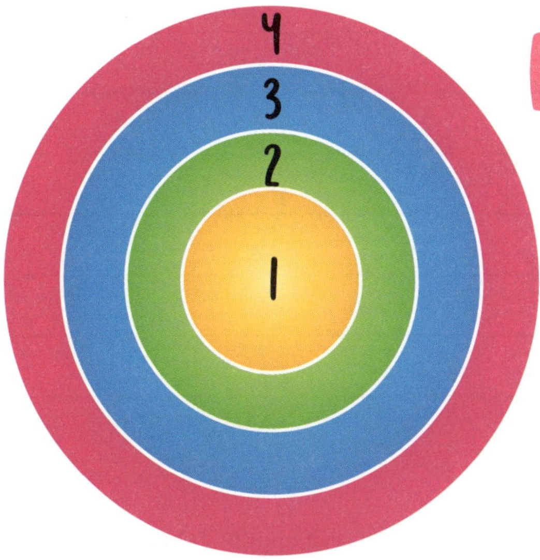

La transformación del reino avanza en este orden:

1. ____________________
2. ____________________
3. ____________________
4. ____________________

HASTA QUE EL INDIVIDUO (YO) NO SEA TRANSFORMADO POR EL PODER DEL ESPÍRITU SANTO, NO SE DARÁ UNA VERDADERA TRANSFORMACIÓN EN EL MUNDO.

El avance del Reino de Dios

PARA PRACTICAR

¿Cómo podemos hacer que el Reino de Dios avance?

1. Recuerda que el Reino de Dios avanza primero si tu vida ha sido transformada por Dios, piensa en algunas cosas que Dios te ha mostrado que debes cambiar para que el Reino siga avanzando en tu vida.

2. Ahora piensa en tu familia, pídele a Dios que te muestre una acción que puedes poner en práctica para que Su Reino avance en tu familia. Escribe esa o esas acciones.

PARA PRACTICAR

3. Ahora piensa en tu iglesia, pídele a Dios que te muestre una acción que puedes poner en práctica para que Su Reino avance en tu iglesia. Escribe esa o esas acciones.

4. Vamos un poco más allá, si ya has corregido algo en ti y has puesto alguna acción en práctica en tu familia para que el Reino de Dios avance, piensa en tus amigos, en tu lugar de estudio, en el lugar donde vives e idea una forma de hacer que el Reino de Dios avance también allí.

Habla con tus papás para que te apoyen en las ideas que has planteado y juntos puedan trabajar para que el Reino de Dios avance.

EL OBJETIVO PRINCIPAL DE ESTE CAPÍTULO ES TENER CLARO QUE EL REINO DE DIOS Y EL REINO DE SATANÁS CONVIVEN, PERO LA BIBLIA NOS DA LA CERTEZA DE QUE AL FINAL EL DE SATANÁS QUEDARÁ DESTRUIDO Y SOLO EL REINO VERDADERO PERMANECERÁ.

PORQUE EL REINO DE DIOS ES INCONMOVIBLE Y ES UN REINO QUE NUNCA CAMBIA.

CAPÍTULO 8

EL REINO INCONMOVIBLE

VOCABULARIO

ABARROTADO: Llenar [una persona] un espacio con algo hasta que no quepa más.
HUÉRFANO: Que no tiene padre, madre o ninguno de los dos. Falto de algo, y especialmente de amparo.
COMPASIÓN: Sentimiento de tristeza que produce el ver padecer a alguien y que impulsa a aliviar su dolor o sufrimiento, a remediarlo o a evitarlo.

El Reino de Dios avanza en un pequeña localidad de **CHINA**, donde una familia cristiana rescata niños encerrados de un orfanato. Por las leyes del país en ese momento las familias solo podían tener un hijo y muchas veces las familias preferían que fuera un varón, así que los orfanatos está **ABARROTADOS** de niñas abandonadas.
Estos orfanatos no cuentan con muchas personas que los ayuden, así que contratan a mujeres jóvenes que también fueron abandonadas, pero como nunca recibieron amor, ni atención, no saben cuidar a los **HUÉRFANOS**.

Esta familia cristiana visita el orfanato todos los días para cuidar a los niños, dándoles amor y esperanza, incluso muchas veces han abierto su hogar y han atendido amorosamente a niños muy enfermos y han animado a los cristianos en este país a unirse al trabajo de **COMPASIÓN** que están realizando, es así como muchas familias chinas han respondido a este llamado e incluso han adoptado niños, dándoles una nueva oportunidad y una vida distinta.

El mundo no ha tenido noticias del ministerio cristiano de esta familia. Probablemente sus miembros nunca aparezcan en los titulares de los periódicos, ni sus vidas sean llevadas al cine. Con todo, el Reino de Dios avanza amorosamente en China a través del servicio de esta familia estadounidense.

En esta sesión estudiaremos cómo el reino de Satanás muchas veces avanza y sale en noticias o televisión, pero el Reino de Dios siempre avanza aunque de manera callada e invisible. La Biblia nos enseña que un día el reino de satanás será destruido por completo y solo permanecerá el Reino verdadero, EL Reino que nunca cambia, El Reino Inconmovible de Dios.

El Reino Inconmovible

PALABRAS CLAVES

Lee el siguiente versículo, búscalo en tu Biblia y subráyalo.

> 28 Gracias a Dios, el reino que él nos da no puede ser movido. Por eso debemos
> adorar a Dios con el amor y la honra que a él le gusta recibir. 29 Porque
> nuestro Dios es como un fuego destructor.
>
> Hebreos 12:28-29

Llena el espacio en blanco con la palabra clave que descubriste.

Ordena las letras para descubrir el nombre de este personaje.

a N a S t S a

____ ____ ____ ____ ____ ____ ____

______________________ es el archienemigo de Dios, de Cristo y del Reino, él convenció a algunos ángeles a revelarse contra Dios, también lo llaman: El diablo, el adversario, el enemigo, príncipe de este mundo. Tiene poder pero no más que Dios. Nosotros podemos usar las armas espirituales y el poder que Dios nos da para combartirlo, él es un enemigo vencido porque ¡Cristo ya lo venció!

PALABRAS CLAVES

El Reino Inconmovible

La estrategia de Satanás es mentir haciéndose pasar por «ángel de luz» para disfrazar sus obras malas y aparentar que son buenas.

Encierra en un circulo las letras con el nombre de cada animal y escribe abajo las letras que sobran.

___ ___ ___   ___ ___ ___ ___   ___ ___ ___   ___ ___ ___

Ordena las letras para formar la palabra.

F ___ S ___ ___ C ___ ___ I ___ ___

2. Una ______________________________ es la imitación o la copia de un original.

Dibuja con letra bonita y creativa las 2 palabras que aprendiste.

El Reino Inconmovible

VERSÍCULOS CLAVES

Lee el siguiente versículo, búscalo en tu Biblia y subráyalo.

> 28 Gracias a Dios, el reino que él nos da no puede ser movido. Por eso debemos
> adorar a Dios con el amor y la honra que a él le gusta recibir. 29 Porque
> nuestro Dios es como un fuego destructor.
>
> Hebreos 12:28-29

Contesta estas preguntas:

1. ¿Qué significa recibir un Reino que nunca cambia (inconmovible)?

____

____

2. Ahora que hemos recibido ese Reino, ¿cómo debemos ser con Dios?

____

____

3. Ahora que estamos agradecidos, ¿Qué debemos hacer?

____

____

4. ¿Cómo puedes adorar con temor reverente?

____

____

Hay cuatro oraciones que están incompletas, busca la frase que completa cada una y pon el número que le corresponda.

EL REINO DE DIOS SEGUIRÁ CRECIENDO GRACIAS A

EL REINO DE DIOS NO SE TERMINARÁ YA QUE ...

YA NO HAY TEMOR PORQUE...

SOMOS SOLDADOS DE DIOS

LA BATALLA ES DIFÍCIL PERO...

1. Vale la pena porque recibiré el mayor premio.
2. Cristo destruyó el mayor temor, el temor a la muerte.
3. Es un Reino inconmovible.
4. Los cristianos que desean glorificar a Dios con todo lo que hacen.

El Reino Inconmovible

PARA PRACTICAR

Busca Efesios 6: 6-10, Léelo y subráyalo en tu Biblia .

lee la tabla y responde las prengutas:

LA ARMADURA DE DIOS	GRIETAS EN LA ARMADURA
VERDAD	Creer mentiras (a menudo muy sutiles).
JUSTICIA	Persistir en algunos hábitos de conducta pecaminosos.
EVANGELIO	Creer en un falso evangelio.
FE	Temer y dudar.
SALVACIÓN	Vivir sin la salvación. Falta de seguridad en la salvación.
PALABRA DE DIOS	Tener otras fuentes de autoridad para creerle a Dios.
ORACIÓN	Estar demasiado ocupado para orar

1. ¿En cuál de las partes de la armadura estás más fuerte? ¿Por qué?

____

____

____

2. ¿En qué parte de la armadura está más débil? ¿Cómo puedes fortalecerla?

____

____

____